Philipp Angstmann

Bedeutung von PGP (Pretty Good Privacy)

I0012864

GRIN - Verlag für akademische Texte

Der GRIN Verlag mit Sitz in München hat sich seit der Gründung im Jahr 1998 auf die
Veröffentlichung akademischer Texte spezialisiert.

Die Verlagswebseite www.grin.com ist für Studenten, Hochschullehrer und andere Akade-
miker die ideale Plattform, ihre Fachtexte, Studienarbeiten, Abschlussarbeiten oder Disser-
tationen einem breiten Publikum zu präsentieren.

Dokument Nr. V18528 aus dem GRIN Verlagsprogramm

Philipp Angstmann

Bedeutung von PGP (Pretty Good Privacy)

GRIN Verlag

Bibliografische Information der Deutschen Nationalbibliothek: Die Deutsche Bibliothek
verzeichnet diese Publikation in der Deutschen Nationalbibliografie; detaillierte bibliografische Daten sind im Internet über http://dnb.d-nb.de/ abrufbar.

1. Auflage 2002
Copyright © 2002 GRIN Verlag
http://www.grin.com/
Druck und Bindung: Books on Demand GmbH, Norderstedt Germany
ISBN 978-3-638-90113-0

Hochschule Zürich
Studienbereich Technik

Fachstudium Informatik
Seminar Computersicherheit

Bedeutung von PGP

Philipp Angstmann

Dokumentversion: 1.1
Status: Eingereicht
Ersteller: Philipp Angstmann
Ausgabe vom: 04.11.03

Abstract

Der Austausch digitaler Informationen ist ein wesentlicher Teil unserer Gesellschaft geworden. Zudem ist Information heute eine wertvolle Ressource. Aufgrund der hohen Transparenz des Datenverkehrs via Internet ist Datenschutz für viele doppelt wichtig geworden. Privat-Unternehmen, Ärzte, Anwälte sowie Privat-Personen sind heute ebenfalls wie Banken, der Staat, das Militär auf eine schnelle Kommunikation, wie sie in digitaler Form via Internet möglich ist, angewiesen. Dies, um Entscheide treffen zu können usw. Es besteht reges Interesse daran, dass nur der Empfänger die Nachricht zu lesen bekommt, respektive dass die Privatsphäre geschützt bleibt. Philip Zimmermann hat mit der Erfindung von Pretty Good Privacy, kurz PGP, eine Möglichkeit geschaffen, mit welcher selbst Computerlaien ihre Daten, welche über Netze kommuniziert werden, schützen können. So hat jedermann die Möglichkeit seine Privatsphäre, den Daten- und Meinungsaustausch sowie Geschäftsabwicklungen zu schützen. Diese Arbeit gibt einen Überblick über PGP. Die Funktionsweise und die Sicherheit werden vertieft betrachtet und es wird aufgezeigt, wie PGP das Schlüsselmanagement anpackt. Sie diskutiert Angriffsszenarien und zeigt Möglichkeiten auf, diese abzuwehren oder zu verhindern. In einer Schlussdiskussion wird der Frage nachgegangen, wie sinnvoll es ist, starke Verschlüsselung, wie sie PGP verwendet, für die breite Masse zugänglich zu machen. Weiter werden die Schattenseiten aufgezeigt, welche sich dadurch ergeben. Aufgrund von Gesprächen mit Leuten des eidg. Datenschutzes und dessen Computersicherheitsexperten bin ich zum Entschluss gekommen, dass es falsch wäre, Verschlüsselungsmöglichkeiten wie PGP einzuschränken oder gar zu verbieten.

Hochschule Zürich (HSZ): Studienbereich Technik

Fachstudium Informatik: Seminar

Bereich: Computersicherheit
Themengebiet: Pretty Good Privacy (PGP)
Dozent: Rudolf Stary
Student: Philipp Angstmann
Verteiler: Rudolf Stary, Philipp Angstmann

Bedeutung von PGP

Ausgangslage

Information wird heute als wertvolle Ressource behandelt. Überall begegnet man heute der elektronischen Datenerfassung respektive des elektronischen Informationsaustausches. Als Kommunikationsmittel dafür dient meist das Internet. Aber jegliche Daten, welche über das Internet kommuniziert werden, sind aufspürbar oder belauschbar. Banken, Militär und Staat schützen sich schon lange gegen solche Informationsspionage mit Hilfe von starker Verschlüsselung. Der Schutz der Privatsphäre sowie der Firmengeheimnisse von KMU's etc. ist, sobald Information von A nach B im Internet unterwegs ist, nicht gewährleistet. Pretty Good Privacy (PGP) ist ein Tool, welches der breiten Masse Zugang zu starker Verschlüsselung möglich macht.

Aufgabenstellung

Es soll die Bedeutung von PGP aufgezeigt werden.

1. Was ist PGP und wozu wird es verwendet?
2. Wie funktioniert PGP und das zugehörige Schlüsselmanagement?
3. Wie sicher ist PGP, wo liegen Schwachstellen?

In einer Schlussdiskussion soll analysiert werden wie sinnvoll es ist, starke Verschlüsselung allen zugänglich zu machen.

Antragsteller: **Genehmigung:**

Philipp Angstmann   **Rudolf Stary**
Student   **Dozent**

Druck- und Copyrightinformation

© Dezember 2002 Philipp Angstmann. Alle Rechte vorbehalten. Kein Teil der Dokumentation darf ohne schriftliche Genehmigung des Autors in irgendeiner Form (Fotokopie, Mikrofilm oder ein anderes mechanisches oder elektronisches Verfahren), auch nicht für Zwecke der Unterrichtsgestaltung, reproduziert oder unter Verwendung elektronischer Systeme verarbeitet, vervielfältigt oder verbreitet werden.

Wichtige Hinweise

Diese Dokumentation verfolgt keinerlei kommerzielle Zwecke, sämtliche Produkte- und Firmennamen werden lediglich zu Auswertungs- und Analysezwecken genannt. Der Autor weist darauf hin, dass die in der Dokumentation verwendeten Markennamen der jeweiligen Firmen im Allgemeinen marken- oder patentrechtlichem Schutz unterliegen.

In dieser Arbeit wird die eigene Betrachtungsweise geschildert. Der Autor erhebt keinen Anspruch auf die einzig richtige Interpretation und übernimmt für die Richtigkeit der Resultate keine Garantie.

Inhaltsverzeichnis

1 Einleitung

1.1 Allgemeine Einleitung

Heute stellt Information eine der wertvollsten Waren dar. Der Austausch digitaler Informationen ist ein wesentlicher Teil unserer Gesellschaft geworden. Täglich werden Millionen von E-Mails verschickt. Das Internet stellt dafür die Infrastruktur bereit. Um die Information auf ihrer Reise um den Globus vor unbefugter Einsicht bewahren zu können, ist es wichtig, dass sie geschützt werden kann. Die *Kryptographie* spielt dabei die entscheidende Rolle. Sie liefert die *Schlüssel* und Schlösser um Information vor dritten zu sichern.

Lange Zeit war die *Verschlüsselung* vor allem der Obrigkeit und dem Militär vorbehalten. Heute erleichtert sie ebenfalls den Geschäftsverkehr und morgen werden sich die Durchschnittsbürger der Kryptographie bedienen.

Mit der Entwicklung der *Public-Key*-Kryptographie, im Besonderen des *RSA*-Verfahrens, haben die Kryptographen einen klaren Vorteil im Kampf gegen die *Kryptoanalysten* errungen. RSA liefert Schlösser, die fast nicht mehr zu knacken sind. Zumindest nicht innert vernünftiger Zeit.

1.2 Vorgehen / Methodik

Da mich mathematische Rätsel, darin eingeschlossen jene der Kryptographie, schon vor diesem Seminar begeisterten, hatte ich bereits einen gewissen Background. Aufgrund eines Brainstormings entschied ich, mich zuerst mit der Geschichte von PGP und dessen Erfinder, Phil Zimmermann, zu befassen (siehe Allgemeines Literaturverzeichnis). Basierend auf diesen ersten Nachforschungen wurde ich mir der politischen Brisanz der Verschlüsselung bewusst und mir war klar, dass ich die Sache noch von einer anderen Seite her aufrollen muss. Ich überlegte mir welche Stelle ideal sein könnte. Bevor ich aber zum Telefonhörer griff, verschaffte ich mir noch vertiefte Kenntnisse über die Thematik auf den Webseiten www.edsb.ch und www.datenschutz.ch.

Nachdem das Gespräch über die Problematik rund um die Sicherheit und Bedeutung von PGP mit dem Datenschutzbeauftragten des Kantons Bern nicht sehr ergiebig war, versuchte ich es bei der höchsten Instanz. Bei dem Mann, welcher für den Schweizer Staat bezüglich Datenschutz die Fäden in den Händen hält: Hanspeter Thür, dem eidgenössischen Datenschutzbeauftragten. Er verwies mich an Herrn Baumann, seinem Spezialisten auf dem Gebiet der Computersicherheit. Dabei kam noch besser zum Vorschein, wie zweischneidig und politisch hochbrisant PGP ist. Nach diesem Gespräch habe ich mir überlegt was der interessanteste Aspekt an Phil Zimmermann's PGP bezüglich Computersicherheit ist. Ich bin zum Entschluss gekommen, dass die Bedeutung und Auswirkung von PGP in unserer Gesellschaft zentral ist. So versuchte ich die Arbeit ebenfalls aus Sicht des Bürgers darzustellen.

2 PGP

2.1 Einleitung

Nichts an PGP war eigentlich neu. Doch Zimmermann war der erste, der alles in ein handliches, für Laien bedienbares Produkt packte. Dieses verbraucht zudem so wenige Ressourcen, dass es auf einem normalen PC lauffähig ist und ebenfalls extrem schnell ist. Zimmermann fand eine pfiffige Methode zur Beschleunigung der Verschlüsselung. Wer viele E-Mails verschlüsseln will oder muss, brauchte mehrere Minuten pro E-Mail, PGP schafft es innert weniger als einer Minute.

2.2 Die Geschichte von PGP

Phil Zimmermann, ein Computerfachmann aus Colorado USA, war der Meinung, dass jedermann das Recht auf *Privatsphäre* habe. Diese wird im Bereich des Internet durch RSA am besten geschützt. Nur benötigte RSA sehr leistungsfähige Computer, so dass zu deren Nutzung nicht alle die Möglichkeit hatten. So steckte er in den späten achtziger Jahren seine Energien in die Entwicklung einer ressourcenarmen RSA - Verschlüsselungssoftware für die breite Öffentlichkeit. Durch eine besonders anwendungsfreundliche Benutzeroberfläche sollte zudem eine einfache Anwendung garantiert werden.
1991 wagte Zimmermann den entscheidenden Schritt und veröffentlichte als Freeware Version 1.0. Er taufte sein Projekt „Pretty Good Privacy", kurz PGP. Inspiriert zu dieser Namensgebung wurde Zimmermann durch eine Radioshow namens „Pretty Good Groceries", die er gerne hörte.
Es dauerte einige Zeit bis PGP grosses Aufsehen erregte und sich immer mehr Internetz-Nutzer die Software herunter luden. Im Feb. 1993 bekam Zimmermann von Ermittlern des *FBI*, welche ihn des Patenmissbrauchs bezichtigten (RSA war geschützt und Zimmermann hätte eine Lizenz gebraucht) besuch. Die viel schwerwiegendere Anschuldigung war allerdings, dass er illegal eine Waffe exportiert haben soll. PGP war auch ins amerikanische Ausland gelangt. Da starke Verschlüsselung in den USA zu den Rüstungsgütern zählt, bräuchte es eine Sondergenehmigung. Die Jury schaffte es jedoch wegen Mangel an Beweisen nicht, Zimmermann vor Gericht zu bringen. So wurde das Verfahren nach 3 Jahren eingestellt.
Das Patentvergehen regelte Zimmermann durch einem Zusammenschluss mit ViaCrypt (Patentrechtinhaber von RSA). 1996 gründete er eine eigene Firma namens „PGPincluded", welche er dann im Dez. 1997, nachdem PGP nach 10 Jahren Entwicklungszeit erstmals mit einer graphischen Benutzeroberfläche auf den Markt gekommen ist, an Network Associates verkaufte. Zimmermann hatte dadurch sein Ziel erreicht. Nach dem Erscheinen der verbesserten Version 7.0 stieg Zimmermann aus dem Entwicklungsteam aus.
Am 13.12.1999 wurde von der amerikanischen Regierung für PGP eine uneingeschränkte Exportlizenz erteilt. Seit einigen Wochen steht auf www.pgpi.com die völlig überarbeitete und noch bedienerfreundlichere Version 8.0 von PGP zum herunterladen bereit. Zu den rund 40 Neuerungen und Verbesserungen gehören die volle Kompatibilität zu Windows XP und Office XP. Ausserdem wurden die Unicode-Unterstützung und die Zusammenarbeit mit Lotus Notes verbessert.

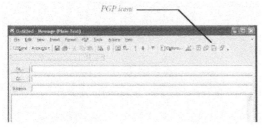

Abbildung 1: PGP integriert sich mittels Programmeintrag und Icons in Outlook.

2.3 Portrait und Zweck von PGP

„Pretty Good Privacy" was im deutschen in etwa „recht gute Privatsphäre" bedeutet ist ein Programm, welches eine sichere Kommunikation garantiert. PGP bietet viele Möglichkeiten. So kann man mit dem gleichen System auch Telefongespräche (PGPfone) oder Daten auf der lokalen Festplatte (PGPdisk) verschlüsseln. Die grösste Bedeutung erlangte PGP bei der Verschlüsselung jeglicher Daten, welche über ein Netz kommuniziert werden müssen wie zum Beispiel eine E-Mail. Unter Privatsphäre wird also verstanden, dass eine Nachricht nur vom gewünschten Adressaten gelesen werden kann.
PGP ist schnell und praktisch auf jedem Betriebssystem lauffähig. Zudem kann man mit PGP Texte mit einer *digitalen Signatur* versehen, um im elektronischen Bereich, in dem eine handschriftliche Unterschrift nicht möglich ist, eine Überprüfung der *Authentizität* zu ermöglichen. So lässt sich die Versendung einer Nachricht auch nicht leugnen. Die *öffentlichen Schlüssel* (public-key), welche für RSA nötig sind, werden von PGP ebenfalls automatisch zertifiziert (siehe Kapitel 2.6).

2.4 Gründe zur Nutzung von PGP

Ein Blick auf die Funktionsweise des Internet reicht aus, um sich der Notwendigkeit Verschlüsselung und Signierung bewusst zu werden. Die Datenpakete einer versendeten E-Mail passieren mehrere Rechner bis sie beim Ziel-Mailserver des Empfängers angelangen. Während des ganzen Transportweges werden die Datenpakete im lesbaren *Klartext* übertragen, was bedeutet, dass die E-Mail an verschiedenen Stationen des Weges abgefangen (zum Beispiel mit Sniffer-Tools wie Ethereal kann das jeder der ein wenig Ahnung von Netzwerken hat, von zu Hause aus praktizieren; weitere Informationen: www.etheral.com), gelesen und auch verändert werden kann. Man spricht zwar von „E-Mail", obwohl es eigentlich „elektronische Postkarte" heissen müsste. Denn gerade der Briefumschlag, der es anderen unmöglich machen würde Einsicht in die Nachricht zu erhalten, fehlt bei der unverschlüsselten Internet-Kommunikation.
PGP schliesst den Zugang zu per E-Mail oder Diskette versendeten Daten weitgehend aus. Zudem ist es bestens dazu geeignet Dateien elektronisch zu unterschreiben und sie damit vor Manipulation zu schützen. Dies bedeutet absolute Privatsphäre bei der Kommunikation via Netze. Schliesslich verschickt man vertrauliche Briefe auch nicht via Postkarte und uneingeschrieben.

2.5 Die Funktionsweise von PGP

2.5.1 Das Prinzip

Zimmermann fand eine Methode um Ver- und Entschlüsselung schneller zu machen. Er wendete die *asymmetrische* RSA-Verschlüsselung zusammen mit verschiedenen bekannten *symmetrischen* Verfahren (z. B. *IDEA*) an. So beschleunigte er die Verschlüsselung und ging ebenfalls dem *Schlüsselverteil*problem des symmetrischen Verfahrens aus dem Weg. Diese Kombination wird auch „hybrides Verschlüsselung" genannt.
Wenn ich also eine E-Mail verschicken will, komprimiere ich zuerst meinen Text damit er kompakter wird und dann verschlüssle ich ihn mit einem zufällig generierten *Sitzungsschlüssel* (session key, Prinzip siehe Glossar). Danach suche ich den öffentlichen Schlüssel (public key) des Empfängers heraus (siehe auch Kap. 2.5) und verschlüssle damit den Sitzungsschlüssel. Wenn ich zusätzlich neben der Geheimhaltung auch die Autorschaft garantieren will, erzeuge ich eine *Prüfsumme* mittels einer *Einweg-Hash-Funktion*. Danach *chiffriere* ich diese mit meinem privaten Schlüssel und dem *ElGamal-Algorithmus* (Konzept von Dieffie und Hellmann) und signiere sie so damit.
Der Empfänger entschlüsselt meine E-Mail mit seinem *privaten Schlüssel* (*private key*) und erhält so den Sitzungsschlüssel, mit welchem die chiffrierte Nachricht zu *dechiffrieren* ist. Danach erzeugt er ebenfalls eine Prüfsumme mit der Einweg-Hash-Funktion. Allerdings für seine Version des Dokuments. Nach der Entschlüsselung meiner Signatur mit meinem öffentlichen Schlüssel und dem ElGamal-Alogrithmus werden die beiden Werte verglichen. Stimmen sie überein ist die Nachricht echt.

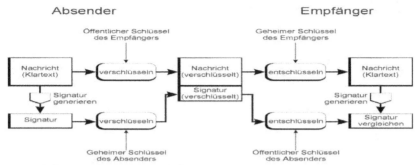

Abbildung 2: Diagramm des Prinzips von PGP

2.5.2 Graphische Darstellung der Ver- und Entschlüsselung mit PGP

2.5.2.1 Verschlüsselung durch den Absender

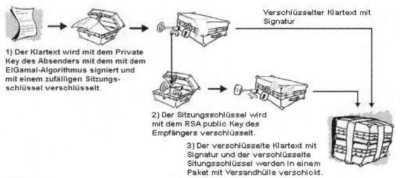

Verschlüsselter Klartext mit Signatur

1) Der Klartext wird mit dem Private Key des Absenders mit dem mit dem ElGamal-Algorithmus signiert und mit einem zufälligen Sitzungsschlüssel verschlüsselt.

2) Der Sitzungsschlüssel wird mit dem RSA public Key des Empfängers verschlüsselt.

3) Der verschlüsselte Klartext mit Signatur und der verschlüsselte Situngsschlüssel werden in einem Paket mit Versandhülle verschickt.

Abbildung 3

2.5.2.2 Entschlüsselung durch den Empfänger

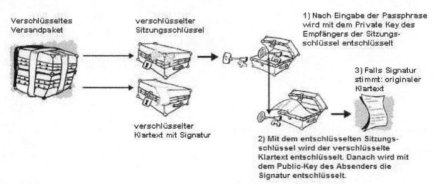

Verschlüsseltes Versandpaket

verschlüsselter Sitzungsschlüssel

verschlüsselter Klartext mit Signatur

1) Nach Eingabe der Passphrase wird mit dem Private Key des Empfängers der Sitzungsschlüssel entschlüsselt

2) Mit dem entschlüsselten Sitzungsschlüssel wird der verschlüsselte Klartext entschlüsselt. Danach wird mit dem Public-Key des Absenders die Signatur entschlüsselt.

3) Falls Signatur stimmt: originaler Klartext

Abbildung 4

2.5.3 Was PGP alles einfacher macht

Eine Nachricht mittels PGP zu verschicken hört sich recht umständlich an. Zimmermann legte die Software jedoch so an, dass sie alles automatisch erledigt. Um eine Nachricht zu verschicken muss ich bloss meine Mail schreiben, PGP aufrufen, den Empfängerschlüssel laden und auf absenden klicken. PGP besorgt alle Kleinigkeiten wie das Komprimieren und Signieren der Mitteilung, sowie das Errechnen eines zufälligen Sitzungsschlüssels

Bei Erhalt einer PGP - verschlüsselten E-Mail ruft der Empfänger ebenfalls PGP auf und gibt seine *Passphrase* ein. Das Programm entschlüsselt die Nachricht und prüft die Echtheit der digitalen Unterschrift.

2.5.4 Die Schlüsselvergabe und Schlüsselerzeugung

PGP-Schlüssel sind ganz normale Textdateien und können daher problemlos gespeichert oder verschickt werden. Sie können unterschiedlich gross sein. Ein 1024 Bit grosser Schlüssel genügt bereits für militärische Sicherheit. Grössere Schlüssel sind allerdings in Zusammenhang mit PGP auch kein Problem. So braucht ein 4096-Bit-Schlüssel gerade mal 1-2 Sekunden für die Ver- bzw. Entschlüsselung.

Bleibt noch die Frage wie man denn zu seinem Schlüssel kommt. Die Generierung des Schlüsselpaares ist eine notwendige Voraussetzung zur Teilnahme an der vertraulichen Kommunikation. Es gibt prinzipiell zwei Möglichkeiten, wie die Schlüsselerzeugung organisiert werden kann:

- Jeder erzeugt sein Schlüsselpaar selber
- Delegierung der Schlüsselvergabe an eine entsprechende Stelle (z.B. an einen Notar, siehe auch Abschnitt 2.6.1), wo man dann seinen Schlüssel abholen muss.

Die zweite Möglichkeit ist für Laien und Privat-Nutzer von PGP eher umständlich und bedeutet wohl auch einen zu grossen Aufwand. PGP löst auch dieses Problem. Dafür ist ein Programm namens PGPkeys zuständig. Normalerweise findet man dort bereits nach der Installation sein Schlüsselpaar vor:

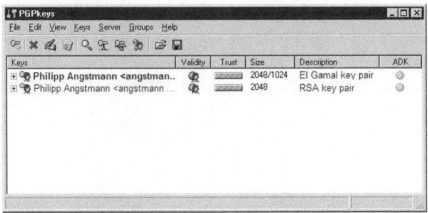

Abbildung 5: Screenshot PGPkeys

Ansonsten klickt man auf den goldenen Schlüssel und generiert sich sein Schlüsselpaar selber. Mein RSA-Public-Key mit der ID 0x74392CCB sieht so aus:

```
-----BEGIN PGP PUBLIC KEY BLOCK-----
Version: PGP 8.0 - not licensed for commercial use: www.pgp.com

mQGiBD30p2ARBADqbOwaANu8hGSpIceb46s8DK5/GKhc12ixu+FqEnd77ngOBSOW
38bHi0NPz5V9p7Lf3dV/tsBROy1EkfvB3Ktqb+83uPw8eUVJUjCDe5n3MfGUo7N1
smGL+uVhKcsqPawdBdrOFlNFXwRtm2LKhSSSnOEg275BHF3Qgad3hJhhGQCg/26J
ZHxAugzi7UADBUcwpdiTcRMEAOTzdWS3eIrW15XOIYAWEShCRUycQojXV4UqtGbn
mxOfpO9rWl7ydZnmy4skRzR5IhPzpCAvfnHbTsdyTZPD/mCW1tatQkG6VxCWnaGI
pnem5VI2y5ehtYyfNhQLcvyEkxevTr079Oxuxf+mbj6YA8ec4xITjVxBJFKYojXx
vxecA/0WHZYt8INjwVgg+O4w+zbfWkXfNBxNK4pGUK/f6ZVz5y8j+Jni2KZkAq5i
0LBm+GEyHIz25JSH1PJBXcgMVK2cZymtcW9/XhHEdhnL2olPZJdH2suoiBrCuvcB
E3ZFIMS0nT1gKNx8PVXrcboXxukTvLRkX+TOipKKvjAfXURG+LQmcGhpbGlwcCBh
bmdzdG1hbm4gPGFuZ3N0bWFubi5wQGdteC5jaD6JAFgEEBECABgFAj30p2AICwkI
BwMCAQoCGQEFGwMAAAAACgkQoeUMNHQ5LMs31wCeMDVOGeTve3PICUSrM7uT5w5P
aXIAnitrMvfrmkT8cGme70DK8aVcEcJluQINBD30p2AQCAD2Q1e3CH8IF3Kiutap
QvMF6P1TET1PtvFuuUs4INoBp1ajFOmPQFXz0AfGy0Op1K33TGSGSfgMg7116RfU
odNQ+PVZX9x2Uk89PY3bzpnhV5JZzf24rnRPxfx2vIPFRzBhznzJZv8V+bv9kV7H
AarTW56NoKVyOtQa8L9GAFgr5fSI/VhOSdvNILSd5JEHNmszbDgNRR0PfIizHHxb
LY7288kjwEPwpVsYjY67VYy4XTjTNP18F1dDox0YbN4zISy1Kv884bEpQBgRjXyE
pwpy1obEAxnIByl6ypUM2Zafq9AKUJsCRtMIPWakXUGfnHy9iUsiGSa6q6Jew1Xp
Mgs7AAICB/9iU220sMvtojvVOgwqi55uP+MEqB9+8QyMnIN6Hid4YstxMJi0yCMq
58SCi74+MK8UvoQ57V8ing0uUzzxhcU1DV0PZU+Whh1FE/W03SZFpYifalb8fuGd
/yfpuaIjVZfQ/w78ldnLUkUXd52Tpv3S/Xxwmswyhz1jEnjRysPAO2psdtAbPskl
J2UDZpENnVPQP4xn0ryKeQCLbIukrAgU3cc/jYSEJy2FlXdz3900QBkF82G8gAsF
theWlDZEs5wHOAYGwxXcI0wGGU8dfX65BQ2dM8C91dqPMBmnuUSrQG39OBqR5kVw
wWt0Y1xYD71YvnnKRWDA78UhEofQPpKliQBMBBgRAgAMBQI99KdgBRsMAAAAAoJ
EKH1DDR0OSzLJpUAniJQez6Wh9Hk23UIEkmA4IF7iRRKAJ9wZXwidpRcdpBf6QMH
nHC3sBFpvQ==
=o3/+
-----END PGP PUBLIC KEY BLOCK-----
```

Abbildung 6: RSA-Public-Key (2048 Bit Lang)

2.5.5   Konkretes Beispiel

Um zu Veranschaulichen wie einfach die Handhabung von PGP in Zusammenhang mit Microsoft
Outlook ist, sowie um zu Zeigen was dabei mit einer E-Mail passiert, soll folgende Nachricht
verschlüsselt werden:

> Hallo Philipp Angstmann

Zunächst startet man Outlook und schreibt ganz normal ein Mail:

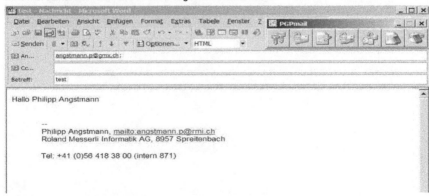

Abbildung 7: Mail verfassen in Outlook mit PGP Icon-Konsole

Nach dem Verfassen der E-Mail drückt man auf den Encrypt/Sign-Button, wählt den öffentlichen Schlüssel des Empfängers an und PGP verschlüsselt und signiert die Nachricht. Würde jemand das E-Mail abfangen bekäme er für die obige E-Mail folgenden unleserlichen Zeichen-Inhalt zu sehen:

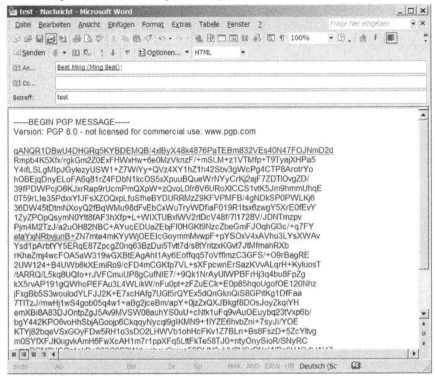

Abbildung 8: PGP verschlüsselte und signierte Nachricht

Die Entschlüsselung der E-Mail läuft per Knopfdruck und nach Eingabe der Passphrase ebenfalls automatisch ab. Um auf dem eigenen Computer die Sicherheit zu erhöhen bleiben die gespeicherten Nachrichten permanent verschlüsselt.

2.6 Das Schlüsselmanagement von PGP

Da PGP ein Verschlüsselungssystem ist, das mit öffentlichen Schlüsseln arbeitet, muss die Publizierung jener ebenfalls geregelt sein. Diese Schlüssel werden nicht als nackte Daten ausgetauscht, sondern sie enthalten neben der E-Mail-Adresse, dem Namen und der Benutzer-ID Zusatzinformationen, welche PGP verwendet um sie zu unterscheiden und Einsatzzwecken zuordnen zu können. Dies allein garantiert noch keine Sicherheit. Es wäre denkbar, dass zum Beispiel jemand unter meiner ID einen gefälschten öffentlichen Schlüssel publizieren würde, um sich in meinen E-Mail-Verkehr einloggen zu können. Er würde meine Nachricht lesen, dann mit meinem echten public key verschlüsseln und weiterschicken (siehe auch Kap. 3.1.1.1). So würde der Schaden eventuell lange Zeit unentdeckt bleiben.
Um dieses Szenario verhindern zu können, müssen öffentliche Schlüssel vor derartigen Angriffen geschützt werden. Daher bietet PGP die Möglichkeit Schlüssel-Zuordnungen zu unterschreiben. Ein Beispiel soll dies verständlich machen: Ich vertraue meinem besten Freund und unterschreibe seinen Schlüssel mit meinem privaten Schlüssel und er den meinigen. So wird von ihm die Zuordnung von

meinem Schlüssel zu meiner ID bestätigt. Wenn nun also ein Kollege meines Freundes mir eine Mail schicken möchte, kann er den unterschriebenen Schlüssel verwenden, falls er dieser Signatur, respektive unserem gemeinsamen Freund, traut. Obiges Abfang-Szenario wäre zwar immer noch denkbar, aber der Eindringling kann die Message an mich nicht weiterschicken da er die Signatur meines Freundes nicht zur Verfügung hat.

2.6.1   Konzepte zur Signierung von Schlüssel

Es wäre möglich, dass eine „Beglaubigungsstelle" diese Unterschriften aufgrund einer Zertifizierung leisten würde. Jeder, der sich an diesem Konzept beteiligen möchte, braucht dann nur den öffentlichen Schlüssel dieser Instanz, der dann auf extrem vertrauenswürdigen Kanälen zu ihm kommen muss, zu kennen und kann damit alle Unterschriften überprüfen. Dieses Konzept ist eher für zentral gesteuerte Einrichtungen, wie Betriebe, Banken oder staatliche Verwaltungsapparate interessant (Siemens unterhält z. B. so ein Trustcenter).

PGP zielt aber mehr auf ein dezentrales Beglaubigungssystem, in dem jeder Benutzer die Schlüssel derjenigen Leute, die er persönlich kennt oder trifft, unterschreibt. So kann sich zum Beispiel im Internet ein Forum für Ärzte oder Anwälte bilden, dem man als Member zum Beispiel über eine Verbandszugehörigkeit angehören muss. Dort können jene füreinander bürgen, welche sich persönlich kennen. Wenn ich also A kenne und ihm vertraue, der wiederum B kennt und für ihn bürgt, ist es möglich, dass ich auch B und dessen Signatur traue. Das hätte dann eine Vernetzung zur Folge in welchem man sich untereinander vertraut. Das spiegelt auch den natürlichen Umgang mit Menschen wieder und bietet jedem die Möglichkeit, selbst zu entscheiden, wem man vertrauen will. Ein Benutzertypenunspezifisches Beispiel für ein solches Netz wäre „Web of Trust".

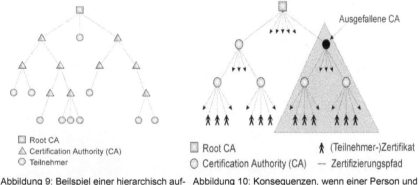

Abbildung 9: Beilspiel einer hierarchisch aufgebauten Vertrauenskette.

Abbildung 10: Konsequenzen, wenn einer Person und Dessen Signatur nicht mehr vertraut wird. Alles was mit dieser Person zu tun hat wird hinfällig (grauer Teil).

2.6.2   Bedeutung des Schlüsselkonzepts

Dieses Konzept der Schlüsselverteilung ist wichtig, denn im Endeffekt ist es das Rückgrat im ganzen System. Für vertrauliche Nachrichten sollte man niemals einen Schlüssel verwenden, von dem man nicht sicher sein kann, von wem er stammt. Das gleiche gilt für die Signierung eines Schlüssels. Schliesslich gibt man dafür seinen guten Namen her. Von der Echtheit eines Schlüssels kann man nur überzeugt sein, wenn man ihn direkt von seinem Besitzer bekommt oder wenn ihn eine Person unterschrieben hat, der man vertraut.

Welche öffentlichen Schlüssel in meiner Sammlung den Status gültig erlangen, prüft PGP automatisch nach folgenden Kriterien:

- Gehört der Schlüssel wirklich der angegebenen Person
- Ist die Person ausreichend vertrauenswürdig um andere Schlüssel zu signieren

Den ersten Punkt errechnet PGP durch die Kennung, für den zweiten Punkt wird der Benutzer zu Rate gezogen. Er kann bestätigen oder verneinen.

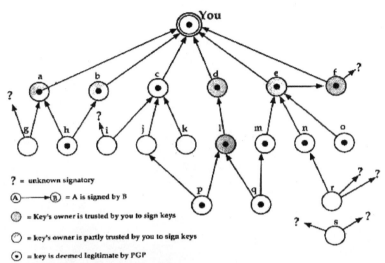

? = unknown signatory

(A) ──► (B) = A is signed by B

◍ = Key's owner is trusted by you to sign keys

◖ = key's owner is partly trusted by you to sign keys

(•) = key is deemed legitimate by PGP

Abbildung 11: Das Vertrauensprinzip von PGP

2.6.3   Verwaltung des eigenen Schlüsselbundes

Auf die private Sammlung der öffentlichen Schlüssel anderer Leute ist ebenso acht zu geben und sie sind genauso vor Zugriff zu schützen wie die eigenen Schlüssel. Von seinem öffentlichen Schlüssel bewart man am besten eine Sicherheitskopie auf Diskette auf, da daran die ganzen Vertrauensketten von den Leuten hängen, die mich als glaubwürdig einstufen. Sobald andere Leute den gleichen PC benutzen oder man an ein Rechnernetz angeschlossen ist, sollte man die Schlüssel nur ab Diskette verwenden. PGP wurde ursprünglich für Computer entworfen, zu dem nur eine Person Zugang hat, da bei Mehrbenutzer-Rechnern mitgelesen werden könnte.

3   Sicherheit von PGP

Kein Computer- und Datensicherheitssystem ist unangreifbar. Ein Sicherheitsexperte brachte es einmal auf den Punkt: „Ziel von Sicherheitsmassnahmen kann es immer nur sein das Gleichgewicht zuungunsten des Angreifers zu verschieben." [1] Wenn man genügend Aufwand betreibt kann auch die Sicherheit von PGP ausgehebelt werden. So haben bei jedem Sicherheitssystem die Anwender zu beurteilen, ob die zu schützenden Daten für den Angreifer so wertvoll sind, dass sich ein grosser Angriffsaufwand lohnt. Dies zu erzwingen ist PGP, vorausgesetzt es wird richtig angewendet (siehe Kap. 3.1.1.1, 3.1.1.2), sehr gut gelungen.

3.1   Angriffsmöglichkeiten

3.1.1   Fälschung öffentlicher Schlüssel

Dies kann, wie im Szenario in Kap. 2.5 beschrieben, verheerende Folgen haben, da damit dem Missbrauch Tür und Tor geöffnet sind. Darum sollte man nur öffentliche Schlüssel verwenden, welche man direkt vom Besitzer bekommen hat oder welche von einer vertrauten Person signiert sind.

3.1.2   Nicht richtig gelöschte Dateien, Lücken in der physischen Sicherheit

Dieses Problem entsteht durch die Art und Weise, wie die meisten Betriebssysteme Dateien löschen. Wenn ich eine E-Mail schreibe und nach dem verschlüsseln lösche, löscht das Betriebssystem die Daten nicht physikalisch. Es markiert lediglich die Datenblöcke, auf dem Speichermedium, welche für die Speicherung neuer Daten freigeworden sind. Man muss sich bewusst sein, dass kryptographische Techniken Daten solange schützen, wie diese verschlüsselt sind. Um diesem Problem entgegen zu wirken verfügt PGP über eine Option, welche die freigegebenen Datenblöcke gelöschter Dateien mit Pseudowerten füllt. Zudem sollte darauf geachtet werden, dass das Betriebssystem keine temporären Dateien anlegt, ansonsten sollte ein zusätzliches Tool installiert werden, welche jene Dateien ebenfalls aufspürt und mit Pseudowerten füllt.

3.1.3   Viren und Trojanische Pferde

Eine andere Angriffsmöglichkeit wäre ein Virus oder Wurm, der PGP oder das Betriebssystem infiziert. Dieser Virus könnte so entworfen sein, dass er den geheimen Schlüssel oder den entschlüsselten Klartext aufzeichnet und unbemerkt über ein Netzwerk zu dessen Autor(en) schickt. Er könnte auch das Verhalten von PGP so ändern, dass Unterschriften nicht richtig geprüft werden. Solche Angriffe sind einfacher und billiger als Kryptoanalytische. PGP selbst hat keinerlei inneren Schutz gegen Viren. Es geht davon aus, dass der Rechner, auf dem es benutzt wird, eine „vertrauenswürdige Umgebung" ist. Somit hat der Benutzer dafür zu sorgen, dass seine Umgebung mit einem Anti-Virus-Produkt oder einer *Firewall* geschützt ist.
Ein ähnlicher Angriff könnte eine geschickte Imitation von PGP sein, die sich im Wesentlichen auch so verhält. Diese Imitation könnte beispielsweise so verstümmelt sein, dass Unterschriften nicht mehr korrekt geprüft werden, oder dass dem Autor durch eine Hintertür Zugang zum System ermöglicht wird. Eine solche Version von PGP, welche einem „Trojanischen Pferd" entspräche, kann einfach erstellt werden, da der *Quellcode* von PGP frei ist.
Man sollte sich also die Mühe machen, PGP von einer zuverlässigen Bezugsquelle beziehen oder gleich bei der Herstellerfirma Network Associates bestellen.

3.1.4   Statistik von Nachrichtenverbindungen (traffic analysis)

Selbst wenn es für einen Angreifer unmöglich ist, den Inhalt der verschlüsselten Nachrichten zu lesen, hat er dennoch die Möglichkeit brauchbare Informationen aus dem *Header* der Datenpakete zu gewinnen. So lässt sich herausfinden woher eine Nachricht kommt, an wen sie geht, wie lang sie ist

und wann sie verschickt wurde. PGP schützt hiervor nicht. Dieses Problem kann nur auf der Ebene angegangen werden, auf welcher die Nachricht verschickt wird. Es gibt Ansätze dieses Problem mit *Remailer* oder *mixmaster* zu lösen.

3.1.5 Kryptoanalyse

In der praktischen Kryptographie gibt es keine Garantie für Sicherheit. Möglicherweise hat eine Regierung eine geheim gehaltene Methode, mit der zum Beispiel IDEA oder ein anderer von PGP verwendeter Verschlüsselungsalgorithmus geknackt werden kann.
Aber selbst wenn einer der Algorithmen eine Schwachstelle haben sollte, reduziert PGP einen solchen Angriff indem es vor der Verschlüsselung die Daten komprimiert. Dadurch haben die Daten weniger Struktur, was den Rechenaufwand um einiges erhöht. So dürfte der Aufwand um einiges höher sein dürfte als der Wert der Nachricht.

3.1.6 Key-Logger

Key-Logger gibt es als Trojaner-Programme (siehe Kap. 3.1.1.3) oder als Module zum Einbau in die Hardware. Sie protokollieren jede Tastatureingabe, die der Anwender vornimmt und zeichnen auf welches Programm dabei benutzt worden ist.
Die Software-Key-Logger sammeln die Daten in einer Datei, welche per Fernzugang abgerufen werden kann. Sie lassen sich durch Neuinstallation des Betriebssystems überschreiben oder auf der Harddisk aufspüren, wenn man die notwenigen Kenntnisse hat. Sichere Betriebssysteme wie Linux hebeln mit ihren Schutzmechanismen solche Key-Logger aus.
Gegen hardwarebasierte Key-Logger ist man hingegen praktisch machtlos. Das Modul kann zum Beispiel in der Tastatur versteckt sein oder in die Verkabelung integriert werden. Diese Key-Logger beinhalten einen Speicherchip, zu dessen Abruf jedes Textverarbeitungsprogramm reicht. Gegen diese Art von Key-Logger kann man sich eigentlich nur schützen, indem man den Ort des Computers vor unbefugtem Zugriff schütz. (Weitere Informationen: www.keyghost.com, siehe auch Kap. 4.2)

3.1.7 Sturmangriffe (tempest attacks)

Eine Möglichkeit für einen gut ausgerüsteten Angreifer, wie zum Beispiel die *NSA*, Geheimdienste etc. ist die Auswertung der elektromagnetischen Strahlung, die ein Computer aussendet. Ein solcher Angriff ist zwar teuer und arbeitsintensiv, aber wohl immer noch billiger als eine richtige *Kryptoanalyse*. Ein entsprechend ausgerüsteter Minibus könnte in der Nähe des abzuhörenden Computers geparkt sein und jeden Tastendruck und Bildschirminhalt aufzeichnen. Einen solchen Angriff lässt sich nur durch Abschirmung des Computers sowie des Zubehörs (Drucker, etc.) oder des ganzen Raumes zum Beispiel durch ein geerdetes Kupfernetz verhindern.

3.2 Sicherheit

Das Abhören der Datenkommunikation ist heute für einen Angreifer mühelos möglich, es sei die Daten sind kryptographisch gut geschützt. Ein Benutzer, welcher die genannten Vorsichtsmassnahmen beachtet, erschwert es einem Angreifer erheblich in die Privatsphäre einzudringen. Wenn man sich also vor einfachen Angriffen schützt und nicht einem überaus gut ausgerüsteten Angreifer gegenübersteht, dürfte die Verwendung von PGP sicher sein, zumal es sogar bei Schweizer Staatsstellen verwendet wird.

4 Schlussdiskussion

4.1 Bedeutung von PGP

4.1.1 PGP in der breiten Masse – Vor- und Nachteile

PGP drängt unweigerlich eine Kontroverse zwischen Vor- und Nachteil des breiten Gebrauchs von starker Verschlüsselung auf. Auf der einen Seite stehen Leute wie Zimmermann, die darin einen gesellschaftlichen Nutzen sehen, da die Bürger und Privat-Unternehmen damit die Möglichkeit besitzen ihre Privatsphäre auch im Bereich der elektronischen Kommunikation zu schützen. Durch die Hohe Transparenz des Datenverkehrs via Internet ist dies auch gerade doppelt so wichtig. Früher musste man beispielsweise einen Brief abpassen, ihn aussortieren und dann unter heissem Dampf öffnen ihn unbemerkt mitlesen zu können. Im Internet ist dies viel einfacher. Ungeschützte Daten können mit einem Selbstbedienungsladen verglichen werden: ich nehme mir, was ich brauche.

Auf der anderen Seite stehen jene, welche glauben, dass Verschlüsselung eine Gefahr für die Gesellschaft sei, weil Kriminelle und Terroristen in der Lage sein würden, geschützt vor Lauschaktionen, geheime Mitteilungen auszutauschen. Einem deutschen Rechtsexperten zufolge werden heisse Geschäfte wie Waffen- und Drogenhandel nicht mehr per Telefon sondern in verschlüsselter Form über die weltweiten Datennetze erledigt [2]. Somit könnte befürchtet werden, dass das Internet gepaart mit der Kryptographie, den Kriminellen eine Hilfe sein kann, ihre Machenschaften gegenseitig abzustimmen. Die grösste Gefahr bilden dabei folgende vier Gruppen: Drogenhändler, organisiertes Verbrechen, Terroristen und Pädophile[3].

Ron Rivest, einer der Erfinder von RSA ist dagegen anderer Auffassung: "Die Beschränkung des Gebrauchs der Kryptographie wäre ein Eigentor. Es ist schlechte Politik eine bestimmte Technik unterschiedslos zu verdammen, nur weil ein paar Kriminelle in der Lage sind, sie zu ihrem Vorteil zu nutzen. So kann jeder Bürger ohne weiteres ein Paar Handschuhe kaufen, obwohl ein Einbrecher damit ein Haus ausräumen könnte, ohne Fingerabdrücke zu hinterlassen. Die Kryptographie ist eine Datenschutztechnik und Handschuhe sind eine Handschutztechnik." [4]

Kryptographie schützt Daten nicht nur vor Abhöraktionen, Betriebsspionage usw. sondern es lässt sich dank dieser Technik auch Zeit sparen. So können zum Beispiel Betriebsabläufe von Firmen sowie Datenmappen von Ärzten und Anwälten schnell, bequem und sicher durchs Netz gelangen, anstatt mit den viel langsameren Kurieren oder gar der Post. Ohne die Kryptographie würde wohl e - Commerce nie rentabel werden. Denn wer stellt schon einfach seine Kreditkartennummer zur Schau aus?

Das Verlangen wissen zu wollen woher eine Nachricht, eine Information stammt, ist von ebenso grosser Bedeutung. Falsche Informationen können erhebliche Auswirkungen haben. Wie zu Beginn schon erwähnt stellt Information heutzutage eine wertvolle Ressource dar. Diese Entwicklung verlangt nach einer eindeutigen Identifizierung der Datenherkunft und Verifizierung der Originalität.

4.1.2 Sinn des freien Einsatzes von PGP – eine Anaylse

„Globale Datennetze sind vom Staat nicht mehr zu kontrollieren. Wenn er aber seine Bürger im neuen Sozialraum nicht mehr zuverlässig schützen kann, muss er sie stattdessen zum Selbstschütz befähigen."[2], so Rossnagel, Rechtsprofessor an der Universität Kassel. Aus Artikel 13 der Schweizerischen Bundesverfassung geht hervor, dass „jede Person Anspruch auf Achtung ihres Brief-, Post- und Fernmeldeverkehrs" sowie „jede Person Anspruch auf Schutz vor Missbrauch ihrer persönlichen Daten" hat. Artikel 16 besagt zudem dass „jede Person das Recht, Informationen frei zu empfangen, aus allgemein zugänglichen Quellen zu beschaffen und zu verbreiten" hat. Somit lässt sich die These von Ron Rivest (siehe Kap. 4.1.1) eigentlich nur bestätigen. Jede Technik hat seine Schattenseite. Der Schutz der Kommunikation und somit der Privatsphäre, darf nicht als kriminell betrachtet werden und eingeschränkt oder verboten werden.

Allerdings darf auch die Frage aufgeworfen werden, wieso denn in den USA und Frankreich, wo bis vor kurzem sogar nur Verschlüsselung bis 40bit erlaubt war und somit der Einsatz von PGP verboten, plötzlich alle Einschränkungen bezüglich Verschlüsselung gefallen sind. Hat man also neue Methoden entdeckt oder etwa heute bereits mehr Möglichkeiten, Kryptische Verfahren zu knacken als man vorgibt? Im Falle von Amerika hat man sich Anfang dieses Jahres auf illegale Weise beholfen (siehe Kap. 4.2 Punkt 3).

Abschliessend ist zu sagen, dass sich Sicherheiten, welche PGP bietet, in gewissen Bereichen durchsetzen werden und durchsetzen müssen. Wie weit Datenschutz geht und wie weit der Schutz der Gesellschaft vor Missbrauch durch Datenschutz notwendig ist, wird sich zeigen. Ab Januar 2003 sind die Internet Provider in der Schweiz verpflichtet, die Header der Datenpakete, welche ihren Server passieren, für sechs Monate aufzubewahren. Das heisst, der Staat möchte sich so bei Bedarf Einsicht in eine Nachrichtenverzeichnis - Statistik vorbehalten. Ansonsten werden momentan in der Schweiz keine Einschränkungen getroffen bezüglich Nutzung, Verkauf, Export, etc. von Produkten, welche starke Verschlüsselung beinhalten.

4.2 Aktuelles

Das Thema Rund um die Verschlüsselung ist nach wie vor politisch hoch brisant. Hier findet man eine kleine Zusammenfassung der aktuellen Ereignisse:

- **12.09.2001**: PGP und der Anschlag auf das World Trade Center

  (*Erklärung des Pentagon*) – Angesichts des Terroranschlags auf die USA mehren sich die Vermutungen, die Terroristen hätten zur Koordinierung und Planung ihrer Aktion PGP, bzw. Verchlüsselungstechniken eingesetzt und Internetdienste zur Kommunikation benutzt. Dass es so ist, kann nicht ausgeschlossen werden. Die Frage, ob es PGP war oder ein anderes Kryptografieprogramm ist unerheblich.

  Im Zuge der Vermutungen und Untersuchungen werden auch die Forderungen nach einer Einschränkung oder eines Verbotes der Anwendung kryptografischer Programme wie PGP wieder laut werden, einhergehend mit Forderungen nach einer verstärkten Überwachung der Internetdienste und seiner Anwender.

  Auf die Spitze getrieben formuliert es die britische Zeitung *The Daily Telegraph* in ihrem Artikel Shoulder to Shoulder jedoch so:

- **12.09.2001**: Auszug aus dem „Shoulder to Shoulder" - Artikel des „The Daily Telegraph"

  "...The World Trade Centre outrage was co-ordinated on the internet, without question. If Washington is serious in its determination to eliminate terrorism, it will have to forbid internet providers to allow the transmission of encrypted messages - now encoded by public key ciphers that are unbreakable even by the National Security Agency's computers - and close down any provider that refuses to comply.

  Uncompliant providers on foreign territory should expect their buildings to be destroyed by cruise missiles. Once the internet is implicated in the killing of Americans, its high-rolling days may be reckoned to be over."

- **01.03.2002:** Der Scarfo-Fall

  (wst/c't) – Im Prozess gegen Nicodemo S. Scarfo, dem die US-Bundespolizei FBI einen Tastatur-Schnüffler auf dem Laptop installiert hatte, hat der Angeklagte auf schuldig plädiert. Der Prozess gegen Scarfo, der wegen der Ermittlungsmethoden des FBI auf harsche Kritik gestoßen war, wird nun nach US-Medienberichten ohne Aufsehen beendet.

  Im Rahmen der Ermittlungen gegen Nicodemo S. Scarfo, dem illegale Buchmachergeschäfte vorgeworfen wurden, war das FBI auf eine mit PGP verschlüsselte Datei gestoßen, die es nicht entziffern konnte. Mit einem Gerichtsbeschluss verschafften sich die Ermittler deshalb Zugang zum Büro des Verdächtigen und installierten ein Programm, das seine Tastatureingaben mitprotokollierte. Mit dessen Hilfe erfuhren sie die Passphrase, die den auf dem Rechner abgelegten geheimen PGP-Schlüssel schützt und gelangten so an die verschlüsselten Daten. Ein US-Bundesrichter hatte diese Praxis Anfang Januar für rechtmäßig erklärt.

- **19.11.2002**: Zunahme der Abhörmassnahmen in Deutschland
  (*Der Speigel*) – Eine Studie zeigt, dass die staatlichen Lauschangriffe 2001 stark
  zugenommen haben

4.3 (Offene Fragen /)Vertiefungsmöglichkeiten

Der gegebene Umfang für diese Arbeit reicht bei weitem nicht aus um sie generell zu
vervollständigen. Deshalb sehe ich noch einige Möglichkeiten um noch weiter in diesem Gebiet tätig
zu werden.

Wie könnte es weiter gehen:

- Vertiefen der Möglichkeiten von PGP
- Vertiefung der Sicherheit sowie der Angriffsmöglichkeiten im Detail
- PGP und das Signaturgesetz – Haben PGP signierte Verträge Gültigkeit?
- Nachforschungen bezüglich PGP - Hackersoftware
- Anstellen von Nachforschungen bei Schweizer Ermittlern, was hierzulande alles erlaubt ist,
  beim Vorgehen gegen Verdächtige
- Vertiefung der politischen Diskussion
- Nachforschen warum das Exportverbot in den USA plötzlich gefallen ist

A Literaturverzeichnisse

A.1 Spezifisches Literaturverzeichnis

[1]	The International PGP Home Page www.pgpi.org
[2]	IT - Grundschutz, Deutsches Bundesamt für Informatik www.bsi.de
[3]	Nachrichten - Protal des Computermagazins ct vom Heise - Verlag www.heise.de
[4]	Singh, Simon: Geheime Botschaften (dtv, München, 2001), 2. Auflage, ISBN: 3423330716, Seite 371

A.2 Unspezifisches Literaturverzeichnis

A.2.1 Allgemeines Literaturverzeichnis

Creutzig, Christopfer; Buhl, Andreas und Zimmermann, Philipp: Pretty Good Privacy (Art D'Ameublement, Biele, 1999), 4. Auflage, ISBN: 3980218295, 305 Seiten.
Singh, Simon: Geheime Botschaften (dtv, München, 2001), 2. Auflage, ISBN: 3423330716, 459 Seiten.
Koops, Bert-Jaap: The Crypto Controversy (Kluwer Law International, Boston, 1999), ISBN: 9041111433, 285 Seiten.
Schneider, Bruce: Angewandte Kryptographie (Addison - Wesley Verlag, München, 2000), ISBN: 3893198547.
Peterson, Larry; Davie Bruce: Computernetze (dpunkt.verlag, Heidelberg, 2000), 1. Auflage, ISBN: 393258869x, 737 Seiten.

A.2.2 Literatur aus dem Internet

The International PGP Home Page www.pgpi.com
FoeBuD Verein zur Förderung des öffentlichen bewegten und unbewegten Datenverkehrs e.V. www.foebud.org
Universität Siegen, Institut für Nachrichtenübermittlung www.infoserversecurity.org
Telepolis: PGP – die ersten zehn Jahre www.telepolis.de/deutsch/inhalt/te/7175/1.html
Nachrichten - Protal des Computermagazins ct vom Heise - Verlag www.heise.de
Eidgenössischer Datenschutzbeauftragter www.edsb.ch
Schweizer Datenschutz www.dsb.ch
Datenschutz in der Schweiz www.datenschutz.ch
Datenschutz in Deutschland www.datenschutz.de

Schweizerisches Justizdepartement
www.admin.ch/ch/d/sr/101/index.html
Deutsche und Europäische Gesetzesartikel
www.datenschutz-berlin.de/recht/de/frames/recht.htm
Bundesministerium für Wirtschaft und Arbeit
www.sicherheit-im-internet.de
Homepage von Philipp Zimmermann
www.philippzimmermann.com

A.2 Bilderverzeichnis

[Abbildung 1]	Integration von PGP in Microsoft Outlook
	Angstmann, Philipp
[Abbildung 2]	Diagramm des Prinzips von PGP
	http://ig.cs.tu-berlin.de/da/041/Kaptiel1.htm#1.2.2.1
[Abbildung 3]	Verschlüsselung durch den Absender
	Angstmann, Philipp
[Abbildung 4]	Entschlüsselung durch den Empfänger
	Angstmann, Philipp
[Abbildung 5]	Screenshot PGPkeys
	Angstmann, Philipp
[Abbildung 6]	RSA-Public-Key
	Angstmann, Philipp
[Abbildung 7]	Mail verfassen in Outlook mit PGP Icon-Konsole
	Angstmann, Philipp
[Abbildung 8]	PGP verschlüsselte und signierte Nachricht
	Angstmann, Philipp
[Abbildung 9]	Beilspiel einer hierarchisch aufgebauten Vertrauenskette
	http://ig.cs.tu-berlin.de/da/041/Kaptiel1.htm#1.2.2.1
[Abbildung 10]	Konsequenzen, wenn einer Person und dessen Signatur nicht mehr vertraut wird
	http://ig.cs.tu-berlin.de/da/041/Kaptiel1.htm#1.2.2.1
[Abbildung 11]	Das Vertrauensprinzip von PGP
	www.wu-wien.ac.at/usr/h92/h9204560/pgp/pgp.html

B Glossar

A	
Algorithmus	Eine Rechenvorschrift.
Asymmetrische Verschlüsselung	Eine Form der Kryptographie, bei welcher sich der zur Chiffrierung und der zur Dechiffrierung eingesetzte Schlüssel unterscheiden. RSA ist ein solches Verfahren, das auch als Public-Key-Verschlüsselung bezeichnet wird.
B	
C	
chiffrieren	Einen Klartext mit einem Verschlüsselungsverfahren in einen Geheimtext verwandeln.
D	
dechiffrieren	Eine chiffrierte Mitteilung in den Klartext verwandeln.
Digitale Signatur	Ein Verfahren zum Nachweis der Urheberschaft eines elektronischen Dokuments. Häufig verschlüsselt der Autor das Dokument zu diesem Zweck mit seinem privaten Schlüssel.
E	
Einweg-Hash-Funktion	Eine nicht umkehrbare Hashfunktion. Es ist nicht möglich, aus der durch die Hashfunktion erzeugten eindeutigen Prüfsumme die ursprünglichen Daten wieder herzustellen oder auch nur Rückschlüsse darauf zu ziehen.
ElGamal	Verschlüsselungs-Algorithmus der sowohl zum Verschlüsseln als auch zum Signieren benutzt werden kann. Seit 1997 nicht mehr von Patenten gedeckt. Dieser Algorithmus gilt nach den heutigen Massstäben als sicher.
Entschlüsselung	Eine verschlüsselte Mitteilung in die ursprüngliche Gestalt zurückverwandeln. Allgemeinbegriff für dechiffrieren.
F	
FBI	Federal Bureau of Investigation. Amerikanisches Bundeskriminalamt.
Firewall	Firewalls werden meist zwischen dem Internet und dem firmeneigenen Netzwerk gestellt, damit der Zugriff auf das Firmennetz kontrolliert wird, sowie der Zugriff ins Internet.
G	
Geheimtext	Die Mitteilung (der Klartext) nach der Verschlüsselung.
H	
Hashfunktion	Auch kryptographische Prüfsumme. Eine Hashfunktion ist eine Funktion, die aus einer Datei eine eindeutige Prüfsumme errechnet..
Header	Kopfteil eines zu übertragenden Datenpaketes. Er enthält keine Nutzdaten, sondern verschiedene Verwaltungs- und Steuerinformationen wie u.a. Adress- und Kennungsangaben.
I	
IDEA	International Data Encryption Standard. Symmetrischer Verschlüsselungsalgorithmus mit 128 Bit Schlüssellänge. Der IDEA-Algorithmus ist patentiert; kommerzieller Einsatz erfordert den Erwerb einer Lizenz. IDEA gilt nach den heutigen Massstäben als sicher.
J	

K	
Klartext	Die ursprüngliche Mitteilung vor der Verschlüsselung
Kryptoanalyse	Die Wissenschaft von der Erschliessung des Klartextes aus dem Geheimtext ohne Kenntnis des Schlüssels
Kryptoanalyst	Einer der eine Kryptoanalyse durchzuführen versucht
Kryptograph	Einer der einen Algorithmus zur Verschlüsselung entwickelt
Kryptographie	Die Wissenschaft von der Verschlüsselung einer Mitteilung oder von der Verschleierung des Inhalts einer Mitteilung.
L	
M	
Mixmaster	Ein System von Remailern, welche eine zu sendende Nachricht anonymisieren, in Blöcke konstanter Grösse aufteilen, diese zu einem End-Remailer senden und dort die Nachricht an den Empfänger versenden. Um mixmaster zu verwenden muss man sich ein Programm installieren.
N	
NSA	National Security Agency. Die NSA ist ein amerikanischer Geheimdienst, der keiner demokratischen Kontrolle unterworfen ist.
O	
Öffentlicher Schlüssel	Wird in der Public-Key-Kryptographie vom Sender verwendet, um die Mitteilung zu verschlüsseln. Der öffentliche Schlüssel ist allen zugänglich.
P	
Passphrase	Die Passphrase hat dieselbe Aufgabe wie ein Passwort. Jedoch kann die Passphrase aus mehreren Worten und Satzzeichen bestehen. Die Passphrase schützt den Private Key.
Private Key	Siehe Privater Schlüssel
Privater Schlüssel	Wird in der Public-Key-Kryptographie vom Empfänger verwendet, um die Mitteilung zu entschlüsseln. Der private Schlüssel muss geheimgehalten werden.
Privatsphäre	Das Schützen vertraulicher Informationen vor dem Zugriff oder der Manipulation durch Dritte.
Prüfsumme	Ein Messwert zur Überprüfung, ob Daten während der Übertragung verändert wurden. Die Prüfsumme wird anhand der Daten berechnet. Diese hat für jede Nachricht, jedes Datenpaket einen anderen Wert.
Public-Key	Siehe öffentlicher Schlüssel
Q	
R	
Remailer	Programme, welche PGP-verschlüsselte Nachrichten entgegennehmen, sie entschlüsseln und an eine im verschlüsselten Text angegebene Adresse schicken. Der Benutzer geht dabei gleich vor, wie in Kap. 2.4 beschrieben, bis auf das dass er nach dem verschlüsseln des Klartextes zusätzlich die wirkliche Empfänger-Adresse hinzufügt und das ganze mit den public key des Remailers nochmals verschlüsselt. Danach sendet er das Paket an einen Remailer. Weitere Information über Zuverlässigkeit und Geschwindigkeit lassen sich hier finden: http://anon.efga.org. Ein

	Beispiel eines Remailers findet man: http://narokremailer.1hwy.com.
RSA	Das erste Verfahren, das die Anforderungen an die Public-Key-Kryptographie erfüllte. Erfunden wurde es 1977 von Ron Rivest, Adi Shamir und Leonard Adleman
S	
Schlüssel	Dient dazu, den allgemeinen Verschlüsselungsalgorithmus für eine bestimmte Verschlüsselung verwendbar zu machen. Der Gegner kann daher den von Sender und Empfänger gebrauchten Algorithmus erfahren, der Schlüssel jedoch muss geheim bleiben.
Schlüsselverteilung	Der Vorgang, der gewährleistet, dass Sender und Empfänger den Schlüssel zur Verfügung haben und damit überhaupt arbeiten können. Dabei muss sichergestellt sein, dass der Schlüssel nicht in gegnerische Hände gelangt.
Session-Key	Sitzungsschlüssel.
Sitzungsschlüssel	Als Ausgangsmaterial verwendet PGP dazu Daten aus der Datei randseed.bin, in welcher PG die Zeitabstände von System-ereignissen, Tastatureingaben u.a. während des Betriebes sammelt. Diese Daten sind bei jedem Benutzer anders und deshalb zufällig. PGP durchmischt sie und generiert daraus den Schlüssel.
Symmetrische Verschlüsselung	Eine Form der Kryptographie, bei der zur Ver- und Entschlüsselung derselbe Schlüssel verwendet wird.
T	
U	
V	
Verschlüsselung	Einen Klartext in einen Geheimtext verwandeln, allgemein gebräuchlich für chiffrieren.
W	
Web of Trust	Prinzip: Jedes Mitglied überprüft die Schlüssel der Anderen. Öffentliche Schlüssel werden zur Beglaubigung von Freunden und Bekannten unterschrieben. PGP stuft in Abhängigkeit von der Anzahl Unterschriften den Schlüssel des Kommunikationspartners in verschiedene Stufen der Vertrauenswürdigkeit ein. Auch eigenständiges Verändern der Einstufung ist möglich.
X	
Y	
Z	

www.ingramcontent.com/pod-product-compliance
Lightning Source LLC
La Vergne TN
LVHW092355060326
832902LV00008B/1043